AF452808

DECLARATION

DV ROY,

PORTANT AVGMENTATION DE

Quatre liures sur chacun Minot de Sel dans les
Greniers de la Generalité de Paris ; Et Trois liures
sur chacun Minot dans les Greniers des autres Generalitez du ressort de la Cour des Aydes, fors és
Pays de Grand Impost.

Verifiée en la Cour des Aydes le 14. Ianuier 1637.

A PARIS,

Par PIERRE ROCOLET, P. METTAYER, &
A. ESTIENE, Imprimeurs ordinaires du Roy.

Au Palais, en la Gallerie des Prisonniers, aux Armes
du Roy & de la Ville.

M. DC. XXXVII.

Auec Priuilege de sa Majesté.

OVIS par la gra-
ce de Dieu, Roy
de France & de
Nauarre; A tous
presents & adue-
nir, Salut. Les
grandes dépences que nous a-
uons supportées depuis nostre
aduenement à cette Couronne,
& que nous sommes contraints de
continüer pour la subsistance des
Armées que nous tenons sur pied,
tant par mer que par terre, dedans
& dehors nostre Royaume, pour
nous opposer aux anciens Enne-
mis de cét Estat; Ont tellement

A ij

diminüé le fonds de nos Finances,
à caufe des alienations que nous
auons efté neceffité de faire pour
fubuenir aufdites dépences, de la
plufpart de nos Domaines, Tailles,
Gabelles, Aydes & autres reuenus,
& particulierement ce qui nous re-
ftoit de nos Droicts de Gabelles,
Qu'il fe treuue maintenant vne
gráde faute de fonds pour le payement des gages, réntes, & autres
charges affignées fur lefdites Gabelles; Laquelle s'augmentant de
jour à autre, à caufe des méuentes
arriuées dans les Greniers à Sel
par les defordres de la guerre & de
la maladie cótagieufe qui a affligé
l'année derniere, & la prefente, la
plufpart des Prouinces de noftre

Royaume, où lesdites Gabelles ont
cours ; Qu'il est impossible de satisfaire au payemēt desdites charges, & à la subsistance desdites armées, que par le secours de quelque nouuelle Imposition sur lesdites Gabelles, pour quelques années seullement, en attendant que
par le progrés de nos armes nous
puissions donner à nos sujets vne
bonne & durable paix, & pouruoir
à leur soulagement : Estimāt qu'ils
souffriront plus volontiers cette
Imposition, puis que c'est pour vn
si bon sujet, & que toutes sortes de
personnes, de quelque qualité &
condition qu'elles soient y contribuēt. A CES CAVSES, sçauoir
faisons qu'après auoir mis certe af-

faire en déliberation en noftre Confeil, où eftoient aucuns Prin-ces , & autres grands & notables Perfonnages : De l'aduis d'iceluy, & de noftre certaine fcience , pleine puiffance & authorité Royalle, nous auons par cettuy noftre Edit perpetuel & irreuocable, dit, ftatué & ordonné ; difons, ftatuons & or-donnons, voulons & nous plaift, que d'orefnauant à commencer au premier jour de Ianuier de l'année prochaine mil fix cens trente-fept, Il foit impofé & leué pendant deux années Quatre liures fur chacun minot de Sel, qui fera vendu & di-ftribué és Greniers à Sel de la Ge-neralité de Paris : Et Trois liures auffi fur chacun Minot de Sel qui sera vendu en tous les Greniers des autres Generalitez dépendans du ressort de nostre Cour des Aydes de Paris: Outre les leuées qui se fôt à present en tous lesdits Greniers, pour estre reçeus à la vente & distribution du Sel qui sera faite dás lesdits Greniers, par les Fermiers de nosdites Gabelles, leurs Commis, ou Procureurs en chacun Grenier, ou autres persónes que nous commettrons à cette fin : Et les deniers prouenans de ladite Imposition employez à la manque du fonds qui s'y treuuera, pour le payement desdites charges assignées sur lesdites Gabelles : Et le surplus à partie du payement de nosdites Armées, & autres affaires importátes

de noſtre Eſtat, ſelon qu'il ſera par
nous ordonné, ſans qu'ils puiſſent
eſtre diuertis ailleurs pour quelque cauſe & occaſion que ce ſoit, à
peine d'en reſpondre par les or-
donnateurs, & de reſtitution con-
tre les parties prenantes. SI DON-
NONS en mãdement à nos amez
& féaux Conſeillers les gens tenãs
noſtre Cour des Aydes à Paris, Pre-
ſidens, & Treſoriers Generaux de
France, des Generalitez du reſſort
de ladite Cour, & aux Officiers des
Greniers à Sel en dépendans, chacun en droict ſoy; Que cettuy noſtre preſent Edit ils facent publier,
regiſtrer, & executer incontinent,
purement & ſimplement, ceſſans
& faiſans ceſſer tous troubles &
empeſ-

empeſchemens au contraire, non-
obſtant tous Edits à ce contraires,
mandemens, deffences, & lettres à
ce contraires. Auſquelles & à la dé-
rogatoire des dérogatoires y con-
tenues, nous auons dérogé & déro-
geons par ces preſentes, nonobſtât
auſſi oppoſitions ou appellations
quelconques; deſquelles ſi aucu-
nes interuiennent, nous nous re-
ſeruons la cognoiſſance en noſtre-
dit Conſeil, & icelle interdiſons &
deffendons à toutes nos Cours &
autres Iuges: Car tel eſt noſtre plai-
ſir. Et affin que ce ſoit choſe ferme
& ſtable à toûjours, nous auós fait
mettre noſtre ſéel à ceſdites preſentes, ſauf en autres choſes noſtre
droict, & l'autruy en toutes. Don-

B

né à Noiſi au mois de Decembre,
l'an de grace mil ſix cens trente-ſix.
Et de noſtre regne le vingt-ſeptié-
me. Signé, LOVIS. Et ſur le reply,
Par le Roy , DE LOMENIE.
Et à coſté, Viſa. Et ſéellé du grand
ſéau de cire verte.

Regiſtrées en la Cour des Aydes,
Ouy, le Procureur General du Roy,
pour eſtre executées ſelon leur forme &
teneur; fors dãs les Greniers & Chambres des pays du grãd Impoſt, & ce pendant le temps de deux ans, mentionné
eſdictes Lettres ſeulement, & ſans que
tous ceux qui ſe trouueront auoir des
droicts à prendre ſur le prix du ſel, en
puiſſent pretendre aucun ſur l'Impoſi-
tion deſdits Quatre et Trois liures, la-

quelle augmentation sera esgalée par les Officiers des Greniers, sur les poids dont les Regrattiers se seruent pour faire la vente & destribution du sel en destail : Auec deffences ausdits Regrattiers d'exiger plus grande somme, sur peine de Mil liures d'amende, & de punition exemplaire, suiuant l'Arrest du iour-d'huy. Donné à Paris, les Chambres assemblées, le 14. Januier. 1637.

Signé,   BOVCHER.

EXTRAICT DES REGIstres de la Cour des Aydes.

VEv par la Cour les Chábres assemblées les Lettres patentes du Roy en forme d'Edict, données

à Noiſy au mois de Decembre 1636,
Signées, Loys, & ſur le reply, Par le
Roy, Delomenie, & à coſté, Viſa, &
ſeellées en lacs de ſoye verte & rou-
ge du grand ſeau de cire verte. Par
leſquelles & pour les cauſes y conte-
nues, Sa Majeſté, de l'aduis de ſon
Conſeil, où aſſiſtoient aucuns Prin-
ces & autres grands & notables per-
ſonnages, & de ſa certaine ſcience,
pleine puiſſance & authorité Roya-
le, Dict, ſtatuë & ordonne, veut &
luy plaiſt, Que d'oreſnauant à commencer au premier iour de Ianuier
de l'année 1637. Il ſoit impoſé & leué, pendant deux années, Quatre liures ſur chacun minot de ſel qui ſera
vendu & diſtribué és Greniers à ſel
de la Generalité de Paris; Et Trois

liures aussi sur chacun minot de sel
qui sera vendu en tous les Greniers
des autres Generalitez, dependant
du ressort de la Cour, outre les leuées qui se font à present en tous lesdits Greniers; Pour estre receus à la
vente & distribution du sel qui sera
faite dans lesdits Greniers par les
Fermiers des Gabelles, leurs Commis, ou autres. Pour les deniers prouenans de ladite Imposition, estre
employez à la manque du fond qui
se trouuerra pour le payement des
charges assignées sur les Gabelles, Et
le surplus à partie du payement de
ses armées, & autres affaires impor-
tantes de son Estat, sans qu'ils puis-
sent estre diuertis ailleurs, ainsi que
plus au long le contiennent lesdites

B iij

Lettres, à ladite Cour addreſſantes
pour l'entherinement d'icelle. Con-
cluſions du Procureur General du
Roy, Et tout conſideré : LA COVR
A ordonné & ordonne, Que leſdi-
tes Lettres ſeront regiſtrées au Gref-
fe d'icelle, pour eſtre executées ſelon
leur forme & teneur, fors dans les
Greniers & Chambres des pays du
grand Impoſt, Et ce pendant le téps
de deux ans mentionné eſdites Lettres ſeulement: Et ſans que tous ceux
qui ſe trouuerront auoir des droicts
à prendre ſur le prix du ſel, en puiſſent pretendre aucuns ſur l'Impoſi-
tion deſdits Quatre & Trois liures:
Laquelle augmentation ſera eſgalée
par les Officiers des Greniers ſur les
poids dont les Régrattiers ſe ſeruent

pour faire la vente & diſtribution
du ſel en deſtail. Auec deffenſes auſ-
dits Regrattiers d'exiger plus grande ſomme, ſur peine de Mil liures
d'amende, & de punition exemplaire. Prononcé le quatorziéme
Ianuier mil ſix cens trente-ſept.

Signé,   BOVCHER.